DIESE BUCKET - LIST GEHÖRT:

_____ & _____

WIR SIND EIN UNSCHLAGBARES TEAM SEIT:

_____

UNSER SCHÖNSTES FOTO:

UNSER LUSTIGSTES FOTO:

UNSERE GESCHICHTE

SO HABEN WIR UNS KENNENGEKERNT:

DAS SCHÄTZE ICH BESONDERS AN DIR:

& DAS SCHÄTZE ICH BESONDERS AN DIR:

UNSER SCHÖNSTER GEMEINSAMER MOMENT:

UNSERE ZUKUNFT

UNSER LUSTIGSTER GEMEINSAMER MOMENT:

ZUSAMMEN SIND WIR UNSCHLAGBAR IN:

1. EINE GEMEINSAME BUCKET-LIST SCHREIBEN ☐

JUHU, DAS WÄRE GESCHAFFT

2. SAGT EUCH GEGENSEITIG, WAS IHR AN DEM ANDEREN SCHÄTZT
☐

3. ERSTELLT EINE PLAYLIST MIT EUREN GEMEINSAMEN LIEBLINSGLIEDERN
☐

4. MALT KARIKATUREN VONEINANDER

5. SCHREIBT EUCH GEGENSEITIG EINEN BRIEF, DEN IHR ERST IN 10 JAHREN ÖFFNEN DÜRFT

☐

6. SPONTAN KINOKARTEN KAUFEN, OHNE DEN TRAILER ANGESCHAUT ZU HABEN

☐

7. KAUFT EINE SPARDOSE UND SPART ZUSAMMEN AUF EINEN TRAUM HIN

☐

WAS IST EUER GEMEINSAMER TRAUM?

8. MACHT EINE RICHTIGE GIRLS NIGHT ☐

SCHOKOLADE, CHIPS & GANZ VIELE LIEBESFILME

9. VERSUCHT EUCH EINE EIGENSCHAFT ABZUGEWÖHNEN, DIE DEN ANDEREN AM MEISTEN STÖRT

☐

Z.B SCHMATZEN BEIM ESSEN

10. LACHT BIS DIE TRÄNEN KULLERN

☐

11. ES IST ZEIT FÜR EINE VERÄNDERUNG - GEHT ZU EINEM FRISEUR & LASST EUCH UMSTYLEN

☐

VORHER & NACHHER FOTOS:

12. ETWAS GUTES GEMEINSAM TUN ☐

WAS HABT IHR GEMACHT?

_____

_____

13. EINEN COCKTAILKURS MACHEN ☐

14. AUF EINER MATRATZE AN EINEM ANDEREN ORT IN DER WOHNUNG/HAUS SCHLAFEN

☐

(Z.B VOR DEM KAMIN ODER DEM FENSTER UM DIE STERNE ZU BEOBACHTEN)

15. ES IST ZEIT FÜR ETWAS ERNSTES - SPRECHT ETWAS UNANGENEHMES AN

☐

16. GEMEINSAM EIN FESTIVAL BESUCHEN ☐

WELCHES FESTIVAL HABT IHR BESUCHT?

17. EUREN GEMEINSAMEN LIEBLINGSORT FINDEN ☐

18. ZUSAMMEN AUF EIN DOPPELDATE GEHEN ☐

WIE WAR ES?
_____

19. EINE NACHTWANDERUNG ZU ZWEI UNTERNEHMEN ☐

20. ZUSAMMEN EINEN FREIZEITPARK BESUCHEN UND AN EURE GRENZEN GEHEN ☐

21. ERZÄHLT EUCH EURE SEX TRÄUME ☐

22. LEIHT EUCH EINEN WOHNWAGEN & GENIEẞT DIE NATUR ☐

23. BESUCHT EINEN TANZKURS ☐

WELCHEN TANZ / TÄNZE HABT IHR GELERNT?

_____

24. BESCHREIBT EUCH MIT DREI ADJEKTIVEN ☐

25. FRÜHSTÜCK ANS BETT BEKOMMEN

☐

26. EINEN TAG ALS MÄNNER VERKLEIDEN ☐

WAS HABT IHR ERLEBT?

....
....
....
....
....
....

27. IM RICHTIG STARKEN SOMMERREGEN AUF DER STRASSE TANZEN ☐

28. SICH GEGENSEITIG DIE BESTEN DANCE-MOVES VORSTELLEN

☐

29. ZUSAMMEN IN EINE STADT FAHREN, IN DER IHR BEIDE NOCH NIE WART ☐

30. **EINE NEUE; AUSSERGEWÖHNLICHE EISSORTE AUSPROBIEREN** ☐

**WELCHES IST EURE LIEBLINSEISSORTE?
BEANTWORTUNG VOM JEWEILIGEN PARTNER**

_____

_____

31. EINE PYJAMA PARTY ORGANSIEREN
☐

32. AM STRAND ZUSAMMEN MUSCHELN SAMMELN ☐

33. NACHTS IN EIN FREIBAD SCHLEICHEN UM NACKT ZU BADEN ☐

34. EINE KISSENSCHLACHT MACHEN ☐

WER HAT ZUERST AUFGEGEBEN?
_____

35. EINEN BAUM ZUSAMMEN PFLANZEN
☐

36. AM MEER DEN SONNENUNTERGANG GENIESSEN ☐

37. BUSINESS ODER FIRST CLASS FLIEGEN ☐

38. VERRATET EUCH EIN GEHEIMNIS, DAS NOCH KEINER KENNT ☐

39. ZUSAMMEN SHOPPEN GEHEN UND SICH GEGENSITIG EIN NEUES OUTFIT RAUSSUCHEN ☐

40. EIN LAGERFEUER MACHEN ☐
(Z.B. MIT STOCKBROT UND MARSHMALLOWS)

41. BREZELT EUCH AUF UND GEHT ZUSAMMEN INS CASINO ☐

42. SPRECHT ÜBER EURE ZUKUNKT - EURE VORSTELLUNGEN, ERWARTUNGEN & WÜNSCHE
☐

43. ZUR MASSAGE GEHEN ☐

44. EIN PROFESSIONELLES FOTOSHOOTING MACHEN ☐

45. NACKT EINEN SCHNEEENGEL MACHEN ☐

46. SICH IM URLAUB EIN HENNA TATTOO MACHEN LASSEN ☐

WO WART IHR? _____

47. IM RESTAURANT FÜR DEN ANDEREN BESTELLEN
☐

48. EINEN GEMEINSAMEN TRAUM ERFÜLLEN ☐

49. AN EINER WEINVERKOSTUNG TEILNEHMEN ☐

EUER NEUER LIEBLINGSWEIN? _____

50. ETWAS UNTERNEHMEN & DAS HANDY DEN GANZEN TAG ZU HAUSE LASSEN ☐

51. IM DUETT KARAOKE SINGEN ☐

52. IN DER STERNSCHNUPPENNACHT DIE STERNSCHNUPPEN BEOBACHTEN

☐

WIE VIELE HABT IHR GESEHEN?

_____

53. EINEN SCHATZ FÜR EURE KINDER VERGRABEN ☐

WAS HABT IHR VERGRABEN?

_____

_____

_____

_____

54. AM FLUGHAFEN SPONTAN EIN FLUG TICKET FÜR DEN NÄCHSTEN FREIEN FLUG BUCHEN ☐

55. MIT DEM FAHRRAD DURCH DEN MC-DRIVE FAHREN ☐

56. GEMEINSAM DEN WEIHNACHTSBAUM SCHMÜCKEN ☐

57. BESUCHT EIN ERDBEERFELD & PFLÜCKT SO VIELE ERDBEEREN IHR KÖNNT ☐

58. IN EINEM BAUMHAUS ÜBERNACHTEN ☐

59. EINEN KOCHKURS MACHEN ☐

WAS HABT IHR GEKOCHT?

60. MÖGLICHE NAMEN EURER KINDER AUFSCHREIBEN ☐

61. IN EINEM 5 STERNE LUXUS HOTEL SCHLAFEN

☐

IN WELCHEM HOTEL WART IHR? _____

62. ZUSAMMEN KRANK SEIN ☐

63. WEIHNACHTSBAUM SELBER SCHLAGEN ☐

64. EIN CABRIO IM SOMMER MIETEN UND MIT LAUTER MUSIK DURCH DIE STADT FAHREN

☐

WO SEID IHR HINGEFAHREN? _____

65. DEM OSTERHASEN HELFEN & DEM ANDEREN OSTEREIER VERSTECKEN

☐

66. ZUSAMMEN EINE WAND STREICHEN ☐

67. EINE ÜBERRASCHUNGSPARTY PLANEN ☐

WER WURDE ÜBERRASCHT? _____

68. EIN PICKNICK IM PARK ☐

69. „WENN ICH DU WÄRE" SPIELEN ☐

70. EIGNEN COCKTAIL MIXEN ☐

REZEPT:

71. EINEN YOGA KURS BESUCHEN ☐

72. *DER NEUEN PFLANZE EINEN NAMEN GEBEN* ☐

73. EINE NACHT IM FREIEN VERBRINGEN ☐

74. GEMEINSAM FEIERN UND EINE FLASCHE CHAMPAGNER BESTELLEN ☐

75. DEM ANDEREN SAGEN WIE DANKBAR MAN FÜR IHN IST ☐

76. GEBT EUCH GEGENSEITIG SPITZNAMEN ☐

78. ZUSAMMEN DIE GEBURTSORTE DES ANDEREN BESUCHEN ☐

79. IM WOHNZIMMER EINE HÖHLE BAUEN UND DARIN SCHLAFEN ☐

80. TUT ETWAS, WAS IHR EUREN KINDERN VERBIETEN WÜRDET
☐

WAS HABT IHR GEMACHT?

81. ZUSAMMEN EIN MÖBELSTÜCK BAUEN

☐

82. SICH GEGENSEITIG EINEN LANG GEHEGTEN TRAUM ERFÜLLEN ☐

WELCHER TRAUM IST ES?

_____

_____

_____

_____

_____

83. EINEN FALLSCHIRM ODER BUNGESPRUNG

☐

84. SCHMUGGELT EUCH AUF EINE VIP-PARTY

☐

85. EINE KOMPLETTE SERIE DEN GANZEN TAG DURCHSCHAUEN ☐

(BIS IN DIE NACHT)

WELCHE SERIE WAR ES? _____

86. EINEN WELLNESS / BEAUTY TAG FÜR ZU HAUSE

☐

87. EIN FREUNDSCHAFTSSCHLOSS AUFHÄNGEN

☐

WO HÄNGT ES? _____

89. EIN FREUNDSCHAFTS HOROSKOP LESEN

☐

EURE STERNZEICHEN

90. EIN ANSTARR-WETTBEWERB OHNE BLINZELN ☐

EUER REKORD: _____

WER HAT VERLOREN? _____

91. ZUSAMMEN EIN PUZZLE AUFBAUEN ☐
MIT MINDESTENS 1000 TEILEN

WIE VIELE TEILE HATTE DAS PUZZLE? _____

92. ZUSAMMEN EIN ZIMMER NEU GESTALTEN ☐

WELCHES ZIMMER BENÖTIGT EINEN NEUEN ANSTRICH?

_____

93. BEI EINEM KRIMI-DINNER MITMACHEN
☐

94. AN DAS ENDE DER WELT REISEN ☐

IN WELCHEN LÄNDERN WART IHR? _____

_____

95. EINE SURFSCHULE BESUCHEN ☐

96. EINE KOKOSNUSS SCHLÜRFEN ☐

97. ZUSAMMEN EUREN LIEBLINGSKUCHEN BACKEN ☐

REZEPT VON EUREM KUCHEN:

98. DIE STERNE AUF EINEM ROOFTOP BEOBACHTEN

☐

99. AUF EINEN FLOHMARKT GEHEN ☐

HABT IHR ETWAS GEKAUFT? WENN JA, WAS?

100. ZUSAMMEN EINEN BLUMENSTRAUSS PFLÜCKEN

☐

FOTO VOM BLUMENSTRAUSS

101.

DAS LEBEN SCHÄTZEN &
FÜR JEDEN EINZELNEN TAG
DANKBAR SEIN,
DAS IHR EUCH GEFUNDEN HABT!

UNSERE SCHÖNSTEN MOMENTE
Platz für Fotos, Briefe & Liebe Worte

UNSERE SCHÖNSTEN MOMENTE
Platz für Fotos, Briefe & Liebe Worte

UNSERE SCHÖNSTEN MOMENTE
Platz für Fotos, Briefe & Liebe Worte

UNSERE SCHÖNSTEN MOMENTE
Platz für Fotos, Briefe & Liebe Worte

UNSERE SCHÖNSTEN MOMENTE
Platz für Fotos, Briefe & Liebe Worte

UNSERE SCHÖNSTEN MOMENTE
Platz für Fotos, Briefe & Liebe Worte

UNSERE SCHÖNSTEN MOMENTE
Platz für Fotos, Briefe & Liebe Worte

UNSERE SCHÖNSTEN MOMENTE
Platz für Fotos, Briefe & Liebe Worte

UNSERE SCHÖNSTEN MOMENTE
Platz für Fotos, Briefe & Liebe Worte

Printed in Poland
by Amazon Fulfillment
Poland Sp. z o.o., Wrocław